Nattevandring

Digtsamling

1983 – 1985

Annette Dollard

Nattevandring

Forlag: BoD – Books on Demand, København, Danmark
Fremstilling: BoD - Books on Demand GmbH -
Norderstedt, Tyskland
ISBN 978-87-7691-507-0

Digtsamling 1983 - 1985

Indholdsfortegnelse:

Linedanser

Jeg danser på min selvbevidstheds udspændte line
der strækker sig fra klit til klippe
Det kilder skrækslagent fra de piblende sveddråber
som mine porer lystent spyr ud
og jeg gyser velbehageligt ved tanken
om mit eget mod
Mit Eventyr starter det øjeblik
jeg kapper ankeret ind mod land og vender blikket udad
og ender: Hvornår?
Måske ender det slet ikke
for midt ude på linen falder det mig ind
at den dans jeg begynder nu
kan vare ved
også betydeligt længere end jeg har beregnet
Medmindre jeg da slipper modet
og træder ved siden af linen
Chancen er der jo altid
Men forudsat at jeg holder mig til manuskriptet
og når velbevaret i land på den anden side
og kan se ud over kanten
opdager jeg måske
at dér ligger endnu en afgrund
der kan overvindes med linen i behold
Om jeg så tør er et spørgsmål
og om jeg kan
For hvornår når man det punkt
hvor man tør påstå

at man kender sig selv så godt
at man ved hvad man kan....
Jeg tager forsigtigt endnu et skridt
imens jeg tænker
at grænserne for vores egen formåen
vel egentlig må gå der
hvor vi begynder at se os tilbage
for at se
om linen holder endnu

Vesterhavet

Jeg elsker Havet

Det forløser noget i mig
Når dets bølger raser
og flår bredden i forrevne totter
lever det mine aggressioner ud
og efterlader mig tømt og afventende
Og når bagefter dønningerne kælent
slikker strandens sår og mine tæer
og suger mine tanker ud bag horisontens knivsæg
aner jeg liv i selv mine trætteste celler
og elsker Havet dobbelt
for dets reinkarnerende gave
til mig som ydmygt lader mig genføde
på strandene
blandt drivtømmer og fossiler

Nøglen

Du åbnede en dør på vid gab
i mig
og for et øjeblik kastede din selvtillid
et genskær over de forrevne klipper
derinde
Men du glemte at sætte et håb om gensyn
i klemme i karmen
og døren smak i igen
da du vendte dig om

Dit Ansigt

Det fine net af rynker i dit ansigt
er spundet af de mange oplevelser
du har haft
De er som en livslinie
Et kort over dit liv
hvor veje og stier snor sig sirligt
omkring dine øjne
og danner dybe dale langs din næse
sluttende ved dine mundvige
Jeg lader mine fingerspidser følge stierne
som en pladespillers pick-up
og hører dit ansigt fortælle
om bitre skuffelser og dybe glæder
og alle de fine nuancer ind imellem
som din hjerne tror er glemt
Men korsvejen over din næse røber det
Det samme gør de furer langs din mund
som drukner et lille modermærke når du smiler
De røber dit livs hemmeligheder for mig
Men du
Vær ikke bange
Jeg fortæller dem ikke videre

Nattevandring

Med din stemme som udgangspunkt
fór jeg vild på vejen hjem
og jeg leder stadig efter den rigtige vej
Men gadelygterne er faldet i staver
over deres egen stråleglans
og glemmer at lede mig
Og reflekserne på vejens midterstribe
har opgivet ævred under lag af grus
Overalt møder vinden min hud
med knivskarp præcision
og jeg savner mindet om tider
hvor jeg iklædt din favn
så den selvsamme vind
vælge en anden vej forbi os

Klippen

Det må være svært altid at være Den Stærke
Den der har fod på problemerne
og er parat til at træde dem ned for en ven
Den hvis skulder er gigtplaget og skæv
af fjenders kulde og venners tårer

Det må være svært altid at være Den Stærke
Den der sopper som en livredder gennem vandene
og hvis hænder og fødder omklamres af druknende
som redder sig ved din forudsigelige urokkelighed

Det må være svært altid at være Den Stærke
der fandt mig som en flænget jakke på et pigtrådsgitter
tog mig hjem og hjalp mig tilbage til fungerende normalitet
som du før har hjulpet slægtninge, naboer, venner,
bekendte
når stormene har raset

Det må være svært altid at være Den Stærke
som ingen steder kan gå uden redningsvest
og hvis telefon er en konstant navlestreng
mellem skibsbrudne og dig

Ja, det må være svært altid at være Den Stærke
for hvem klamrer du dig til
når du drukner i vores tårer?

Tal Til Mig!

Tal til mig! – Tal til mig!

Fortæl mig om dine drømme
            dine mareridt
            dine ønsker og håb
            det du griner af
            det du græder over
            det du planlægger
            det du opgiver
Fortæl mig om din ulykkelige barndom
            din angste pubertet
            din forvirrede voksendom
            din fortid
            din nutid
            og helst også lidt om din fremtid
Fortæl også om når jeg sårer dig
              når jeg gør dig jealoux
                     stolt
                     glad
                     rasende
Fortæl mig om de gange du trænger til selskab
              gange du helst vil være alene
Fortæl mig om os og vore fællesnævnere
og begynd derefter
at kalde dette for et venskab

Morgensang

Det er så romantisk med fuglesang
og specielt at blive vækket af den
Det er som taget ud af en amerikansk film
Nu har jeg aldrig haft nogen drøm
om at blive skuespiller
Men der er en bestemt fugl
som vist er af en anden mening
Den har slået sig ned på telefonledningerne
uden for mit vindue
hvor den galer som en sindsyg
fra Solen begynder at gøre sig overvejelser
om at stå op
og til jeg for at undgå at blive skør
sætter en plade med Anima på
Jeg ved ikke om kræet er musikalsk
men K.K. & co plejer i hvert fald at overdøve den
Jeg vil ikke rose mig af at være fugle ekspert
men med en opslagsbog for ornitologer i hånden
kan jeg næsten hver gang
skelne en gråspurv fra en måge
Imidlertid har sådan en håndbog en væsentlig fejl:
der burde følge et lydbånd med
for sagen er den at jeg aldrig har set
det ihærdige dyr
men tro mig: jeg har hørt den
Enten er fuglen af en særlig sjælden art
eller også må den have sprunget et par led over

i sin indvikling
Helt almindelig lyder den i hvert fald ikke
Min mor påstår hårdnakket
at den lyder som hendes nye vækkeur
(som er elektrisk)
Det kan der være noget om
Jeg synes nu også lyden fint kan sammenlignes
med en astmapatient
der har slugt en dommerfløjte
Nu er det ikke sådan
at jeg er dyrehader
Bestemt ikke:
Jeg har set en mus i øjnene
uden at slå alarm
og jeg har også en gang
klappet min nabos hund
Men det skal nu ikke forhindre mig i en dag
når mine Anima plader
er slidt ned til ukendelighed
at forcere telefonledningerne
med hævntørst og blodskudte øjne
for at hive stikket ud

En Advarsel

Måske jeg en dag ved
hvad det er jeg virkelig mener
når jeg fortæller dig
at jeg elsker dig

Måske ikke

Og indtil den dag
vil jeg lade tvivlen komme
offeret
til gode

Men derfor kan vi vel godt ses
alligevel

Mødet

.... og i dit ansigt
så jeg hvad du troede
Men kære ven
du ta´r fejl
Det er ikke min glatte hud
han tog mig for
For når han leder efter rynkerne
finder han istedet
arrene fra bumserne
Og mit babyfedt har endnu ikke
veget pladsen for den slappe hud
Men jeg tror jeg kan møde ham
på nogle steder
hvor han glemmer det
Vi har nogle ting sammen
som jeg meget nødig vil være foruden
Jeg ville gerne kunne sige
at jeg elsker ham
uselvisk
Det ville nok ikke være helt sandt
Men jeg ved at jeg holder af ham
for så vidt jeg kan
og jeg vil meget gerne tro
at det vil vare ved længe endnu
Også forbi den dag
hvor jeg ved med sikkerhed
hvad jeg kan give ham

og på den måde betale lidt af det
han har givet mig tilbage
Måske er det fordelen
ved at være ung:
Man har Visheden at se frem til
Man har jo "tiden for sig"
Min tid
Ikke hans
og ikke vores
for den rinder stærkt
Så stærkt at jeg bliver forpustet
når vi runder endnu et hjørne
Jeg beundrer ham for hans udholdenhed
og elsker ham for hans tålmod
Men når mine fingre
hviler på hans fremtittende isse
så tænker jeg på dig
og misunder dig
din alder
og erfaring

Kandiserede Violer

Jeg kommer altid til at tænke på dig
når jeg ser kandiserede violer
Jeg kunne sige
at de minder om dine øjne
hvis ikke det var fordi de er brune
eller at de er søde som din ånde
hvis ikke det var fordi
du næsten altid lige havde spist hvidløg
eller saltlakrids
eller pebermyntekarameller
Egentlig er det svært at præcisere
ligheden mellem dig og kandiserede violer
Måske er det Skønhed i afglans
eller et stykke Natur
tilberedt til fortæring
Eller også er det bare mindet om den dag
jeg ville overraske dig
med en hjemmebagt kage med kanel
syltede appelsinskaller
og kandiserede violer
som jeg tro mod mine evner i et køkken
ødelagde
og du alligevel insisterede på at spise et stykke af
også selv om den var bedre egnet som skosåler
end til hyggespisning
på en regnvåd November aften
Så det er derfor jeg kaster mig over kogebøger

når jeg bliver nostalgisk
Og når andre ved selskaber mindes et forhold
ved at fortælle sidemanden (mig)
om "deres" melodi
og til gengæld høfligt spørger
hvad der minder mig om dig
svarer jeg altid
at jeg slår op i min mors aflagte
"Køkkenbog for Unge Piger" side 173
under afsnittet
"Kandiserede Violer"

Lækkersult

"Du er umættelig!"
sagde han lidt træt men også beundrende
"Jeg ved det godt"
nikkede jeg beskedent "men jeg kan ikke
gøre for det"
"Men jeg forstår bare ikke hvordan du kan....
Hvem har lært dig det?"
"Årh, jeg er nok bare et naturtalent!
Jeg kommer fra en lang række kvinder
der bare kan det der
Min mor er lige sådan!" sagde jeg muntert
Han stønnede opgivende
"Det lyder hårdt
Jeg har sympati for din far!"
Han så på mig med hovedet på skrå
"En gang til....?" spurgte han sagte
Jeg smilede kælent til svar
Og han vendte sig halvt om og sagde
"Tjener! En kage til...!"

Weekend

At færdes gennem endeløse motorveje
i regnvejr
Det får Evigheden til at flimre forbi
de syngende vinduesviskere
i tavshed
En udsøgt komposition, i grunden:
Percussion af regn på biltag
og hjerter der slår rytmisk og roligt
brugt som underlægning
for sagte nynnende viskere
og dæk der længselsfuldt slipper asfalten
Indenfor i varmen og roen
gløder radioens stereo-øje mildt og overvågende
og jeg svæver dovent
et par centimeter over plyssædet
i bevidstheden om din smilende søvn
i sædet ved siden af
Dine drømme må være blide
og dine hænder hviler sårbare på dine lår
Jeg kan stadig skimte dem
dine smukke hænder
som tusmørket viger omkring
mens vi bevæger os dybere ind i mørket
Jeg tænker på at spørge dig når du vågner
hvad du mener:
om det er bilen eller motorvejen
som ruller gennem den stadig faldende regn

der omfavner bilen hårdt og vedvarende
for her i stilheden er det svært at sige
med sikkerhed
Udenfor dette vort akvarium
er der andre biler
som ruller tavse og hemmelighedsfulde
for og bag os
som en sammenhørende karavane
på ørkenfærd gennem Jylland

Reflexive Verber

Jeg strækker mig (dovent)
Jeg rejser mig (langsomt)
Jeg bader mig (længe)
Jeg skynder mig (lidt)
Jeg gør mig færdig (hurtigt)
Jeg tænker mig om (grundigt)
Jeg øver mig (en smule)
Jeg finder mig en telefonboks (endelig)
Jeg glæder mig (meget)
Jeg inviterer dig (ud)
Jeg forkæler dig (omhyggeligt)
Jeg fortæller dig (en masse......)
Jeg tager dig med hjem (ad omveje)
Jeg klæder dig af (langsomt)
Jeg bader dig (længe)
Jeg lægger dig ned......

Inflation

Alle taler om inflation
Folk kan huske da ugelønnen var parallel med dagslønnen
idag
   da det var billigt at gå i biografen
   da kødpriserne var små
   da et 2 kroners frimærke kostede 75 øre
   da aviserne altid kom til tiden
   da posten nåede frem
Jeg kan også være med:
Jeg kan huske da en LP kostede en halvtredser

Men inflation
er ikke kun noget der udregnes i møntenheder
Også i sproget er der gået inflation
F.x. hedder det ikke længere
"at male byen rød"
om det nogle gør Fredag/Lørdag
Nu "besætter man et par værtshuse"

Jeg har ikke besat noget her i byen
for nylig
Men hva´
Nu har man jo også
professionelle BZere
Så min indsats må vel siges
at være overflødig

Til Min Ven

Du var den bedste ven
jeg har kendt
Og der var altid
tusindvis af småting
jeg lige skulle fortælle dig
og du lyttede med opmærksomme øjne
Og det er en af grundene til
at du er den bedste ven
jeg har kendt

Og jeg husker gange
hvor du rørte mig
og dine fingerspidser frøs min hud
Men når du smilte til mig
sådan
kunne du efterlade svedmærker
i min hjerne
Og de gange kunne jeg forveksle din talen
med rytmen i min puls
Og det er en anden grund til
at du var den bedste ven
jeg har kendt

Og der var dage
hvor båndene forstærkedes
og vi snakkede til langt ud på natten
og mågerne vågnede

og kredsede sultne om på stranden
før vi havde talt os mætte
Det er endnu en grund til
at du var den bedste ven
jeg har kendt

Tak for det

Se Klovnerne Danser

Se klovnerne danser
Og inde bag deres masker
opdager de ikke
at det er mig der græder

Kunstforståelse

Din krops skulpturelle værdi
er proportional
med lyset i mit blik

Og det i sig selv må være
Kunstens Blå Stempel
i betragtning af
at dine hænder lige bad mig
blænde ned

Flaskepost

Jeg tog væk for at kæmpe med mig selv
Mit had
Mit begær
Mine tanker
og jeg vågnede op på strandene
mellem før og nu
med en smag af os på min indtørrede tunge
Det var en smag af os
fra når vi var smukkest
Som en sang af Joni Mitchell
en tegning af Ib Thanning
og et billede af dig
efter at bølgerne har glattet
de hårdtslebne kanter
Men du skal vide at jeg græd
mens billedet smeltede
Græd for de gange
jeg har set dig gå bort i mørket
uden at du har vendt dig om
De gange
hvor jeg ikke turde røre dine hænder
Og alligevel magter jeg ikke at overveje
hvorfor jeg ikke rækker nok ud efter dig
eller hvorfor jeg somme tider
holder dig for fast
Måske bunder det dybest set i min angst
for at slippe styringen

og leve efter gehør
Nogle har sagt at man ikke må ønske noget
alt for meget
for måske bliver ønsket opfyldt
og så mister det sin tiltrækning
Du har ikke mistet din tiltrækningskraft
Tværtimod
Det er bare som om jeg ikke magter
at få mine ønsker opfyldt
fordi jeg ved at jeg ikke er i stand til
at modtage noget smukt
Når jeg hader mig selv mest
straffer jeg dig fordi du elsker mig
Hvis jeg straffer dig nok
holder du op med at elske mig
hvilket ville gøre mere ondt
end jeg tør tænke på
og dermed ville hadet hævne sig på mig selv
som planlagt
Men at såre dig
forstærker kun mit selvhad
 - forstår du?
Og derfor gør jeg nok alligevel
ikke alvor af min tanke
om at sende dig én sort rose
som en Grande Finale
på det der blev
min frigørelse og din tilfangetagen
eller omvendt
Hvis du kunne se mig nu
bare et enkelt skridt
fra håbløshedens fortabelse

og med vinflasken og musikken
som eneste bolværk
ville du så ynkes
over mit strimede ansigt
Eller ville du levne mig
denne rest af værdighed
vel vidende
at du derved beviste
at mine skygger anes over masken

Bær Over Med Mig

Bær over med mig, ven
Bare lidt endnu
Jeg ved godt at jeg ikke er andet
end et barn
som er grådig i sit krav
om den frihed jeg aldrig får
men dog nægter at slippe
Og som det barn jeg er
kræver jeg Månen
mens jeg frygter for at få den
for den kan ikke være i mit bur
og hvis jeg strækker armene
over grænsen
er jeg bange for at høre fælden smække
om mine håndled og drømme
i et knusende bid
Hvis du vender dig bort et øjeblik
kan du være sikker på at se mig ruske
i de tremmer jeg selv har bygget op
Disse tremmer
som holder mine drømme ude
og min stolthed oppe
Og det er kun din hånd
der kommer mellem mit ansigt
og den vej mod Ubestemmeligheden
der vinker forude
Og dermed mindsker du skrammerne

Jeg ved godt at jeg er sådan et barn
Men kan du ikke bære over med mig
Bare lidt endnu
og indtil jeg har fundet lysningen

Off Day

Min Uafhængighed sniger sig omkring
uden mig
og jeg er efterladt her
med mine to venstrefødder
og din overbærende barmhjertighed

Og du ved at
min mor forlod mig
min far mishandlede mig
min søster kvalte min kat
og stjal min dessert
og min bror er her ikke mere

Så skat
vær sød at lade lyset brænde på trappen
i nat

Tillidserklæring

Åh jo
Jeg har tillid til dig
Til at du er et menneske
Det er derfor jeg aldrig er sikker
på dig

Sprækker

Jeg kan med et overbærende smil
høre på hendes bortforklaring
af det brud på sit kyniske image
som købet af den der blondekjole
må siges at være
Jeg kan også godt lade som om jeg ikke fatter
at det i virkeligheden er sig selv
hun forsøger at overbevise
om det dumme i at sætte en plade på med Dan Fogelberg
netop her i stearinlysets sorterede virkelighed
Det generer mig heller ikke
at lægge øre til de tyndtvævede undskyldninger
for at udsætte motionsturen med hunden
til Månen har skarpstillet strålerne
For jeg ved det jo
at kynikere i virkeligheden
er de allermest romantiske
De er bare for sårbare
til at turde tro på deres egne drømme

Journalistik

Jeg får komplexer af at læse interviews
Især af den slags hvor det begavede offer
åbner munden side 9
og ud vælter en masse imponerende ord
indtil vedkommende lukker munden igen side 13
og så er interviewet forbi
Men mellem side 9 og 13
når de også at posere koket for fotografen
og naturligvis på så afslappet en måde
at det blot tilfældigvis
lader den mest flatterende vinkel af et kraveben
falde i objektivet
Og så de meninger de har om alting
Alle synspunkter er tjekket og samlet i bundter
parat til uddeling
Hvis du interviewer en husassistent
om bleskift og opvaskemiddel
får du alt om det at vide
plus i tilgift beretningen om hendes arbejdsgivere
(som naturligvis er kendte
ellers var hun jo ikke blevet valgt)
I halen på semi-kolon´erne
får du også hendes syn
på A-kraft, Greenpeace og børneopsparing
Det overrumpler mig altid
hvordan de overkommer så meget
og så på så få sider

Jeg mener
jeg ville have svært ved at huske meningerne
i samme tempo som jeg blev spurgt
Og hvis jeg så skulle kunne huske
de rigtige endelser på fremmedordene
kunne jeg altså ikke også koncentrere mig
om den glamourøse ignorering af Nikon´et
Så jeg har besluttet mig med martyrmine
at forsage rigdom og berømmelse
I hvert fald indtil jeg har øvet mig lidt mere
på Garbo rollen
Og så iøvrigt altid have en liste på mig
med fremmedord i bøjningsskema
og meninger fra inderkredsen
parat til afkrydsning

Bad Liver & A Broken Heart (tilegnet Tom Waits)

Den forstemte pianist vrider klange
der engang har tilhørt De Evigtgrønne
ud af sit lige så forstemte klaver
Og jeg læner mig nonchalant op ad baren
(for at undgå svimmelhed)
mens jeg forsøger at zoome klart ind
på gravfølget fra en nynedsænket Romance
Hun ligner en der har byttet sin Barbie dukke
for den der udringede kjole
Hun klamrer sig til sin cocktail
og hvis ejeren havde været her
havde han grædt over den bardisk
der snart segner under vores vægt
Men det er han ikke
så jeg krabber mig forsøgsvis nærmere
og tilbyder min kondolance
og køber hende en flaske gift efter eget valg
Så får vi se om han kan svømme!
Men det kan han sikkert
Det kan mænd som regel
siger min erfaring mig
Men hun indvilliger taknemmeligt
og efter de indledende runder
drikker vi af flasken
for at spare bartenderens ben

Og mine to støvlebeklædte ditto
bliver afløst af barstolens tre
som ved nærmere kendskab
viser sig at stå sikrere end mine
Og med hinanden som støtter
kasserer min nyfundne veninde og jeg foragteligt
den del af Menneskeheden
som lyder fællesnavnet MÆND!
Enten er de drengede og charmerende
indtil man lærer dem at kende
Eller også er de saglige og modne
indtil man kommer for tæt på
Og som regel er de gifte eller ej
og begge dele er lige slemt
Og hvad skal vi overhovedet med dem!
”No Reply” bræger jukeboxen
da den Forstemte tager hjem
og det kan den for så vidt have ret i
Så mens Gravfølget takker af
og sigter mod døren
sender jeg Tom Waits en længselsfuld tanke
og ønsker jeg havde hans syrestivede røst
til at støtte mig hjem

Fredskonference

Den flamme du tændte i mig
da du venligt smilende iagttog mig
komme rutsjende ud af en kroget fortid
fik mig til at kravle ned af mine ambitioner
om at forsage Menneskeheden
og dens krav til min tolerance
Og jeg vidste godt at jeg udsatte mig selv
for den belastning det er
at skulle fjerne sikkerhedskæden
længe nok til at et venskab kan slå rødder
Men jeg tog chancen
og nu er roden fæstnet nok til mine klipper
til at jeg tør konfrontere os
med alternativer til den sidevej
vi er ved at dreje ned ad
Ser du
jeg er tilbøjelig til at give dig ret i
at jeg af og til skarpretter vulkanerne
uden synderlig grund
og vice versa
For når du er træt efter kampen
med at overleve mine tanker
og jeg er så desperat følelsesladet
vil enhver pludselig bevægelse
rykke faretruende i detonatoren
Så derfor vil jeg foreslå
at vi for at undgå hjemlige minefelter

henlægger vores fredskonference
til Den Gamle Cafe
hvor jeg i den fortyndede belysning
og akkompagneret af isterninger i tomgang
er villig til at sigte mod en total afspænding
og endvidere nedlægge ethvert våben
mod til gengæld at få dine territoriekrav
indskrænket
Hvad siger du til det?

Den Gamle Cafe

Disse dystre Cafe-dage
hvor spredte mennesker sidder tomt
over deres halvtømte kaffeplettede kopper
og udbrændte lys

Og ved det mørkeste hjørnebord
sidder jeg
og brænder ned i selvvalgt ensomhed
over en stupid
ubrugelig
stivnakket
drøm
som jeg ikke engang er sikker på er min
mere

Juli

I sådan et vejr
hvor Himlen føles
som var den presset ned over hovedet på én
og skyerne bogstaveligt talt
svupper om ørerne
er det ikke nogen dum ide
at bruge en flaske tør hvidvin
som lynafleder
og så ellers tage en doven udflugt
med J.M. Simmel som guide

De Dage

At belyse sin gårsdag kan være bittersødt
Men i dette tilfælde praler det bare
af det rod vi var dengang
Druknende og overfladiske
og ude af stand til at se nogen af delene
Men vi havde også vore øjeblikke
Tider hvor vi skabte minder
til at nyde eller fornægte sidenhen

Alligevel var det de dage
hvor vi klyngede os til Intetheden
Jeg lyttede til Joni´s sange i dine arme
og var bange for tilfældige sår
men troede de ville heles
Dengang hvor vi gjorde mig til Nar

At genkende nogen blandt fremmede
i fredags-køen
betaler sig ikke altid
Det får mig til at overveje mine valg
og dit afskedssmil
Billig vin og friskpresset kærlighed
Jeg tænker på dig og mig – og ham
Der er nok ikke så stor forandring i mig
men en verden til forskel på jer

Og nu er det de dage

hvor jeg klæber til endnu mindre
Jeg lytter til Rickie Lee´s sange i hans arme
og frygter stadig tilfældige sår
vel vidende hvor ondt de gør
Nu hvor jeg er en endnu større Nar

Kærlighed

En klog kvinde har beskrevet Kærligheden
som en viden om
at det bedste for den elskede
ikke nødvendigvis er en selv
men godt kan være en man afskyr
og at man da bør kunne gøre den indrømmelse
at lade ham gå
Hvilken Kærlighed
Hvilken Visdom
Hvilket Ansvar

Kærlighedsskema

Det er mit ønske for os
at jeg må kunne fylde de af dine behov
der er rettet mod mig

Det er mit ønske for os
at jeg må kunne give dig den frihed
der gør at du ønsker at blive hos mig

Det er mit ønske for os
at jeg må kunne lade dig beholde dine venner
uden at være bange for at miste dig

Det er mit ønske for os
at jeg må kunne leve med dig som du er
uden at forlange at du laver dig om

Det er mit ønske for os
at jeg må kunne lade dig udvikle dig
så du ikke bliver knust af min jealusi

Det er mit ønske for os
at jeg må kunne leve med dig
ikke for/igennem/af dig

Det er mit ønske for os
at vi må kunne leve sammen med agtelse for hinanden
også efter den dag hvor jeg indser

at et samliv ikke kan leves efter et skema

Til Sanne

Tyve år sætter spor overalt
Og alligevel kan jeg stå her
og med en undren konstatere
hvor overfladiske de i grunden er
Måske fordi vi alligevel
var på vej i hver sin retning
Alle troede vi var så tætte
Det var vi også
men måske mest i mangel på alternativer
Alligevel ved jeg
hvem jeg står i dyb gæld til
på mange måder
Men jeg har også betalt en pris
som mange gange har vist sig
at være højere end beregnet
Om regnskabet balancerer
tør jeg ikke gætte på
Det gør heller ikke så meget
Ikke for mig i hvert fald
Og når vi mødes
mærker jeg irritationen gro
Måske fordi jeg ikke har noget koncist
at hæfte skuffelsen på
Den skuffelse som bliver bitter og dyb
Ikke kun over forandringen i den anden
men også over den manglende forandring
i mig selv

Jeg er stadig i defensiven
når der bliver trådt hårdt
På den anden side tør jeg godt indrømme
at jeg selv til tider
er den der træder hårdest
Når jeg tænker over tiden der er gået
ved jeg at jeg har lært meget
Jeg er gået langt alene
men jeg har også mødt både støttende hænder
og skræmmende forhindringer
Jeg har båret på en masse erfaringer
En af dem er
at man godt kan elske et menneske
man ikke kan lide

Kvinder I

Hun står foran spejlet
Vrænger ansigt af bumser, fedt og permanent
Napper prøvende det indsugede maveskind
mellem to fingre
før endnu en sweater lander på gulvet
På sengen ligger tøjdyrene
mellem plader og plakater
og stereoen rasler disco-rytmer
ud i rummet
Det er fredag
og iaften venter veninderne
nede ved Grillbaren
og Han kommer måske
Skolen har sluppet sit greb
før endnu en weekend
og tilbage er kun hurdlen med lektier
og moralpræk
før hendes egen verden
åbner armene udefter
mod et univers af Frihed

Kvinder II

Hun står foran køkkenbordet
Vrænger ansigt af opvask, kartofler og legetøj
Kigger prøvende på uret
før dagplejen skal aflastes
På bordet ligger avisen
mellem aftaler og legoklodser
og radioen kværner nyheder ud i rummet
Det er fredag
og iaften venter vennerne ved Teatret
og babysitteren kommer forhåbentlig
Kontoret har sluppet sit tag
før endnu en weekend
Tilbage er hurdlen med make-up
og babymos
før hendes egen verden
kan slappe armene af
fra et univers af pligter

Kvinder III

Hun står foran vinduet
Vrænger ansigt af potteplanter, strikketøj og kaffekop
Kigger prøvende på telefonen
før hun støver familieportrætterne af
På sofaen ligger katten
mellem broderede puder og ugeblade
og grammofonen smyger strygermusik
ud i rummet
Det er fredag
og iaften venter tv´et i stuen
og børnebørnene kommer nok ikke
Hverdagen har sluppet sit greb
før endnu en weekend
og tilbage er hurdlen med tv-avis
og aftenkaffe
før hendes egen verden
må knuge armene tæt
mod et univers af ensomhed

Marionetten

Vil du holde om mig
når jeg be´r dig om det
Vil du holde afstand
når jeg flygter
Vil du se på mine tårer i tavshed
ingen råd – ingen spørgsmål
Vil du overhøre min selvmedlidenhed
og leve med min kynisme

Så vil jeg beundre dig for din langmodighed
i skamfuld erkendelse af
at jeg ikke kunne gøre det samme
for dig

Gåden

Når den ene går
kommer den anden
Men den første bliver længe efter
at jeg har fortrukket
Resultat:
Trafikprop i døråbningen

Søgen

At famle
At søge med fingrene
At finde en sprække i muren
At kradse sig igennem
og se Daggryet på den anden side
Det giver appetit
og blodige negle

Oppenheimer, jr.

Mennesket består af atomer
Det nødvendiggør oprustning

Jet-Setting-Lotion

Wilkommen – Bienvenue – Welcome
Betal din pris og tag plads
blandt 80ernes Nomader
i evig flugt
fra Excelsior til Savoy

Sinatra på Discoteque
Chic på The Ritz
Flammende Neon svøbes i strygere
Plyds og Rokoko genlyder af synthesizere

Ægyptisk teint
krydret med Armani og Balmain
Damerne i Smoking
Mænd med make-up

Omhyggelig skødesløshed
og ubarberet charme søger
silke der knitrer forræderisk
om højspændte skuldrer

Aston Martin
Renault Carte Noir
Dom Perignon med en eftersmag af frygt
Russisk kaviar på en bund af sprøde illusioner
Sne og Skum
og den indsmigrende indspisthed

som kendetegner alt virkeligt hipt

Art Nouveau
Nouveau Riche
Noblesse Oblige

November 1985

Den måde du sagde
"Hvorfor....?"
da jeg fortalte dig at vi ikke kunne komme sammen
Det var ikke et spørgsmål
Det var en bøn
et krav
Og jeg blev til generationer af kvinder
der har svigtet dig
Jeg følte mig ussel
ubarmhjertig
og vidunderlig
fordi du behøvede mig nok
til at spørge